Traçage

Trace ces éléments

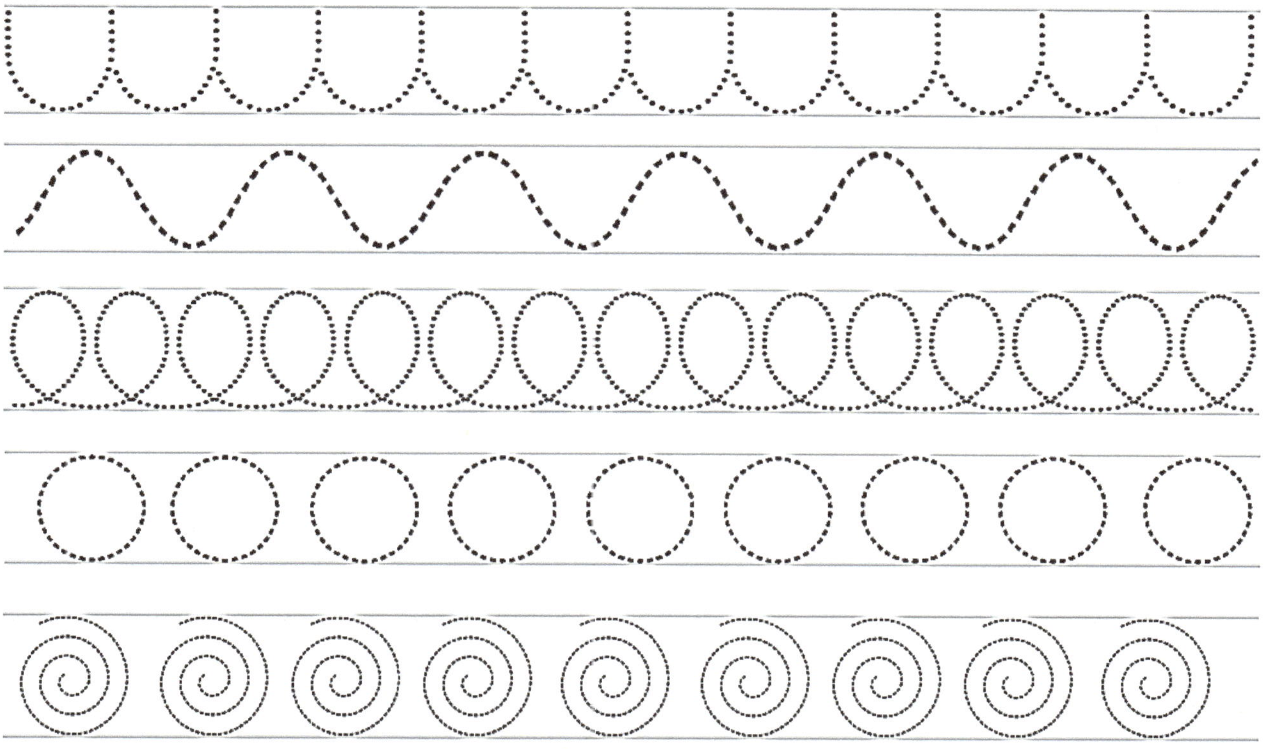

Apprend à tracer

suis les pointillés

L'alphabet

Suis les pointillés pour t'entrainer à écrire l'alphabet

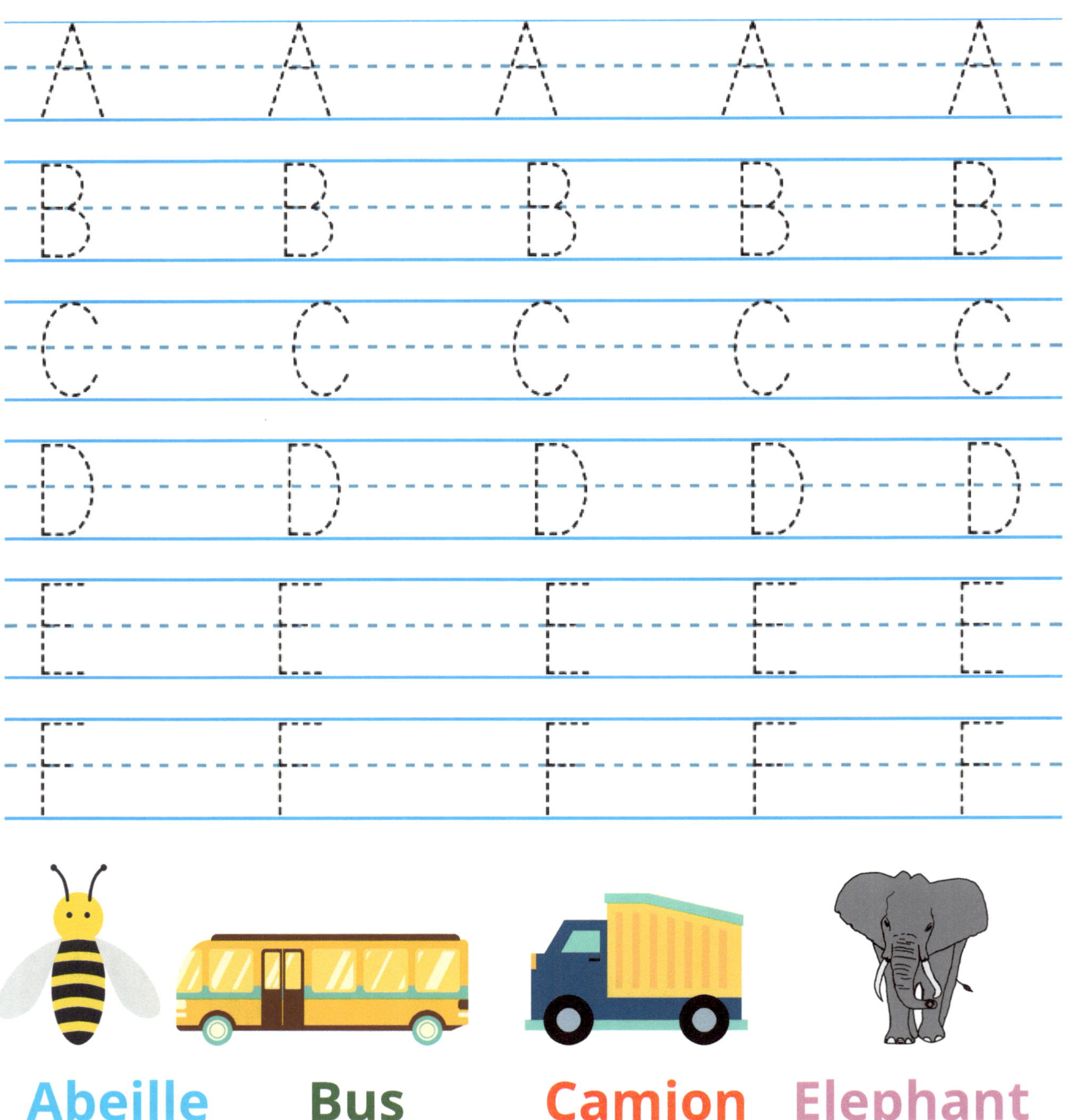

Gâteau

Hibou

Igloo

jouet

Kangourou

Lion

M M M M M

N N N N N

O O O O O

P P P P P

Q Q Q Q Q

R R R R R

Manège

Nid

Ours

Poussin

Quilles

Rat

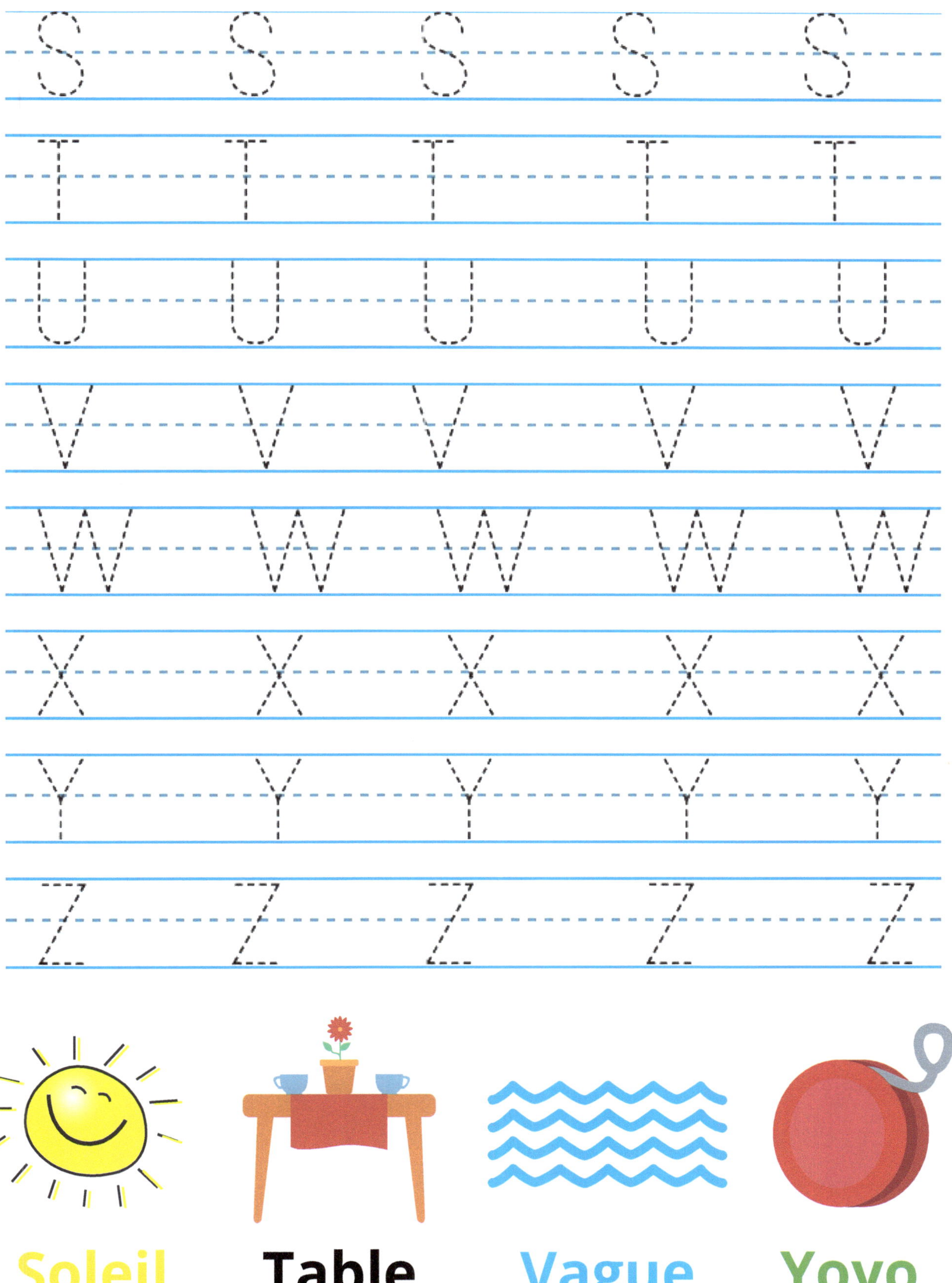

S S S S S
T T T T T
U U U U U
V V V V V
W W W W W
X X X X X
Y Y Y Y Y
Z Z Z Z Z
Soleil
Table
Vague
Yoyo

Les chiffres

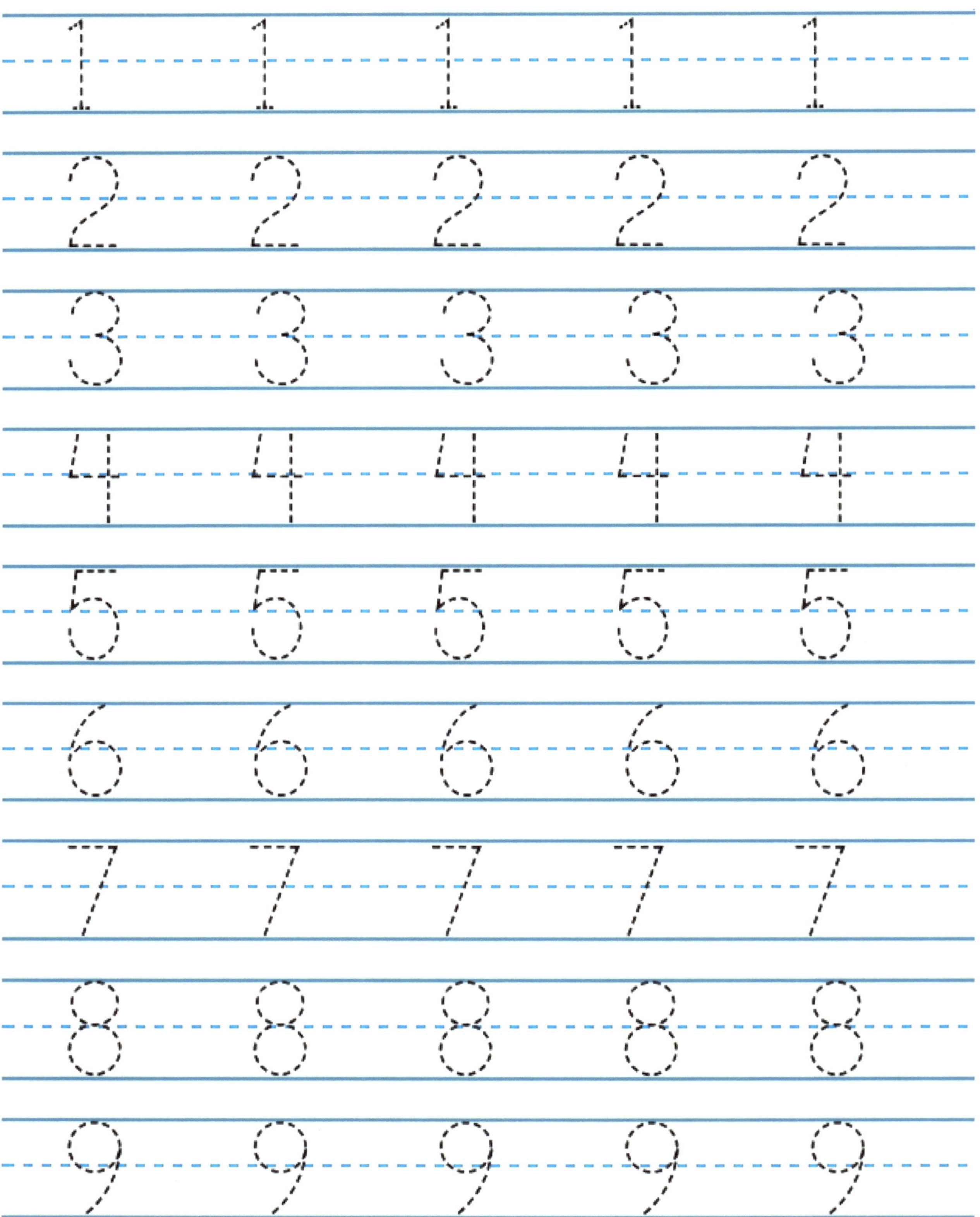

Gauche & droite

Découpe et place les voitures selon leurs sens de circulation

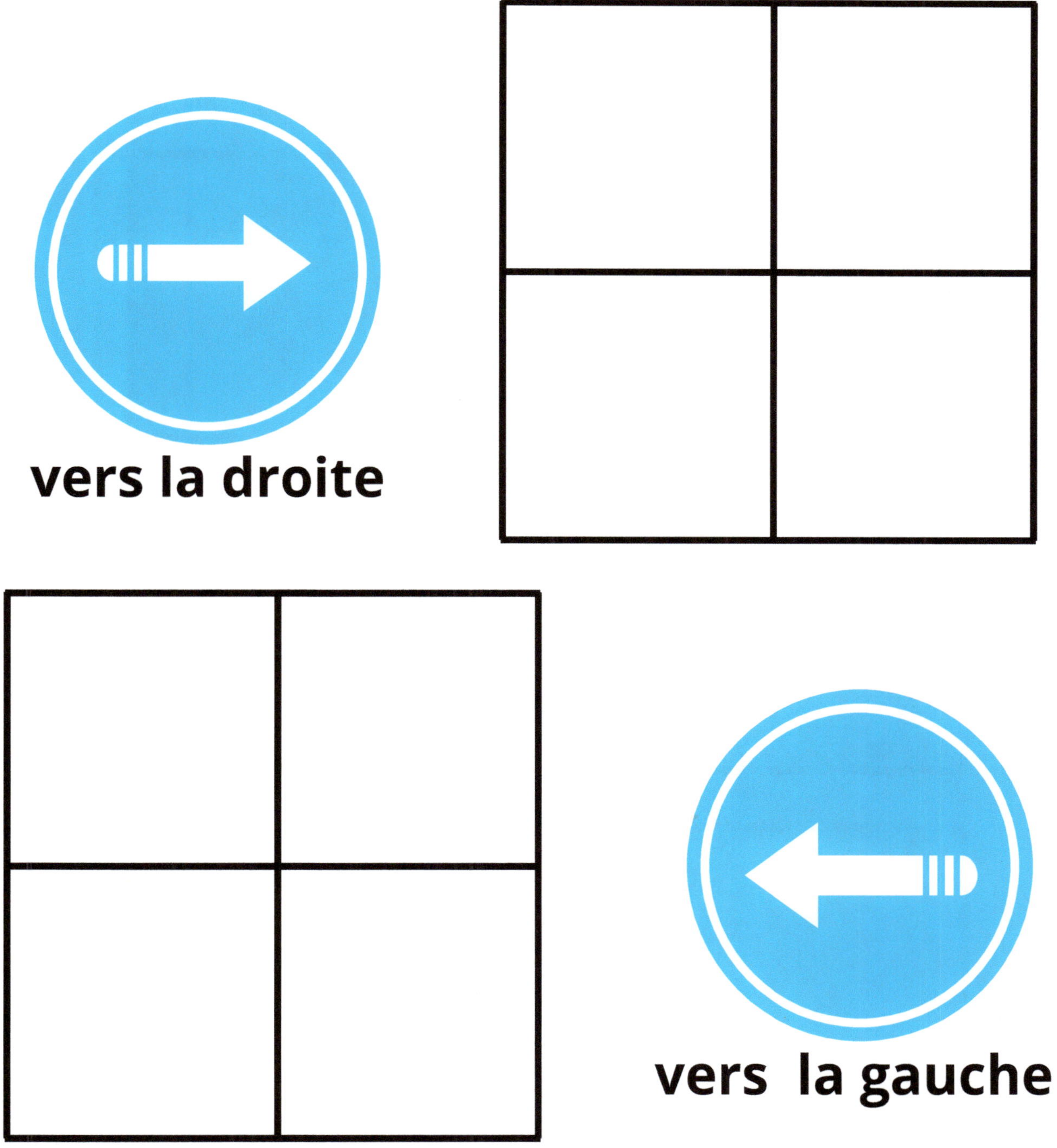

Les légumes & fruits

Découpe et place les légumes à droite et les fruits à gauche

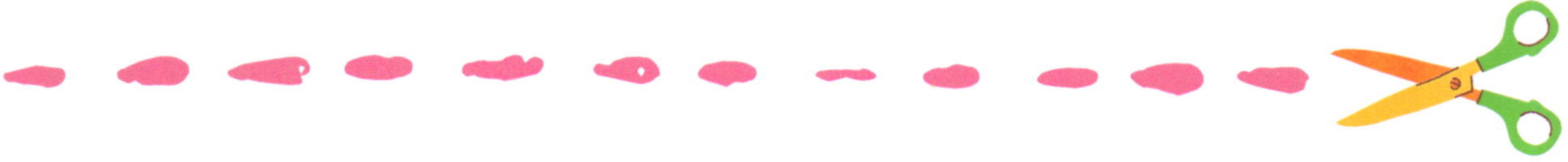

Cartes à découper

Cartes à découper

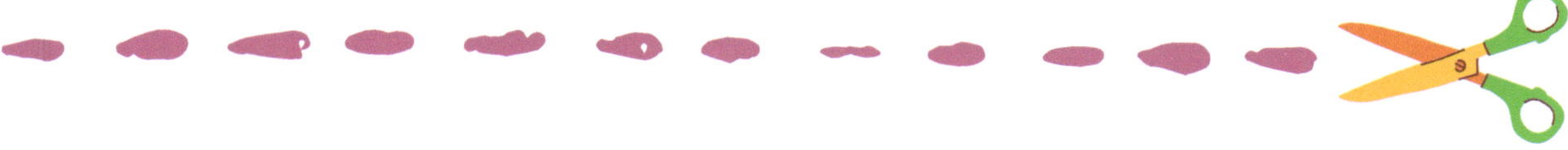

Les contraires : Sur /sous

Colorie en **JAUNE** le chat sur la table et en **VERT** le chat sous la table/banc

Les animaux

Coche en **ROUGE** les animaux qui rampent et en **BLEU** ceux qui marchent.

Coche en **VERT** les animaux qui volent et en **ORANGE** ceux qui nagent.

Relie chaque animal à son ombre

Les quantités et les nombres

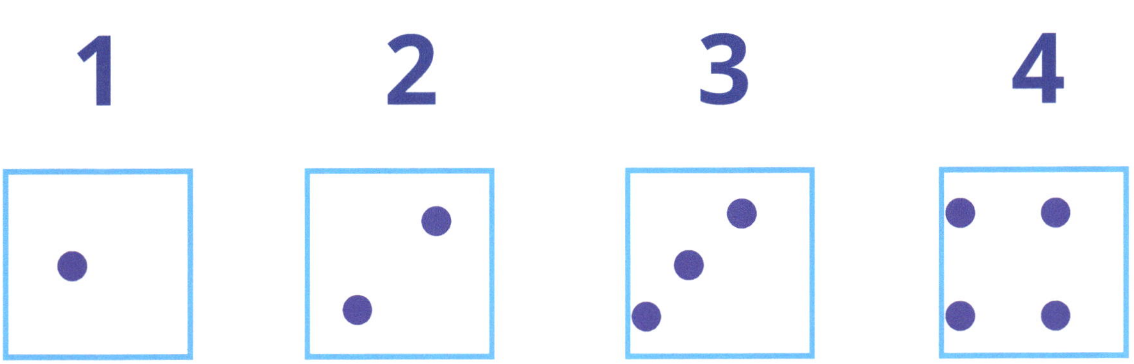

Entoure le nombre qui correspond aux bougies

Entoure le nombre d'objets du carré

Entoure le nombre d'animaux du carré

Note le nombre de chaque fruit que tu as compté dans la case correspondante

Note combien de légume tu as compté dans chaque case

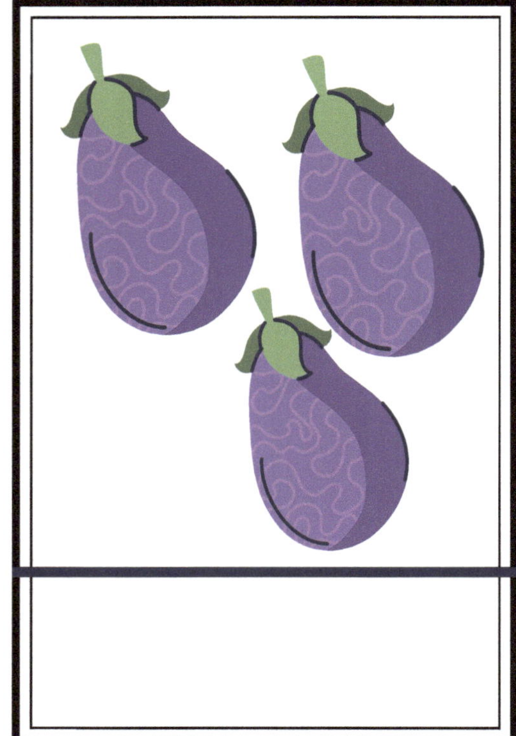

Les formes

Relie les formes identiques

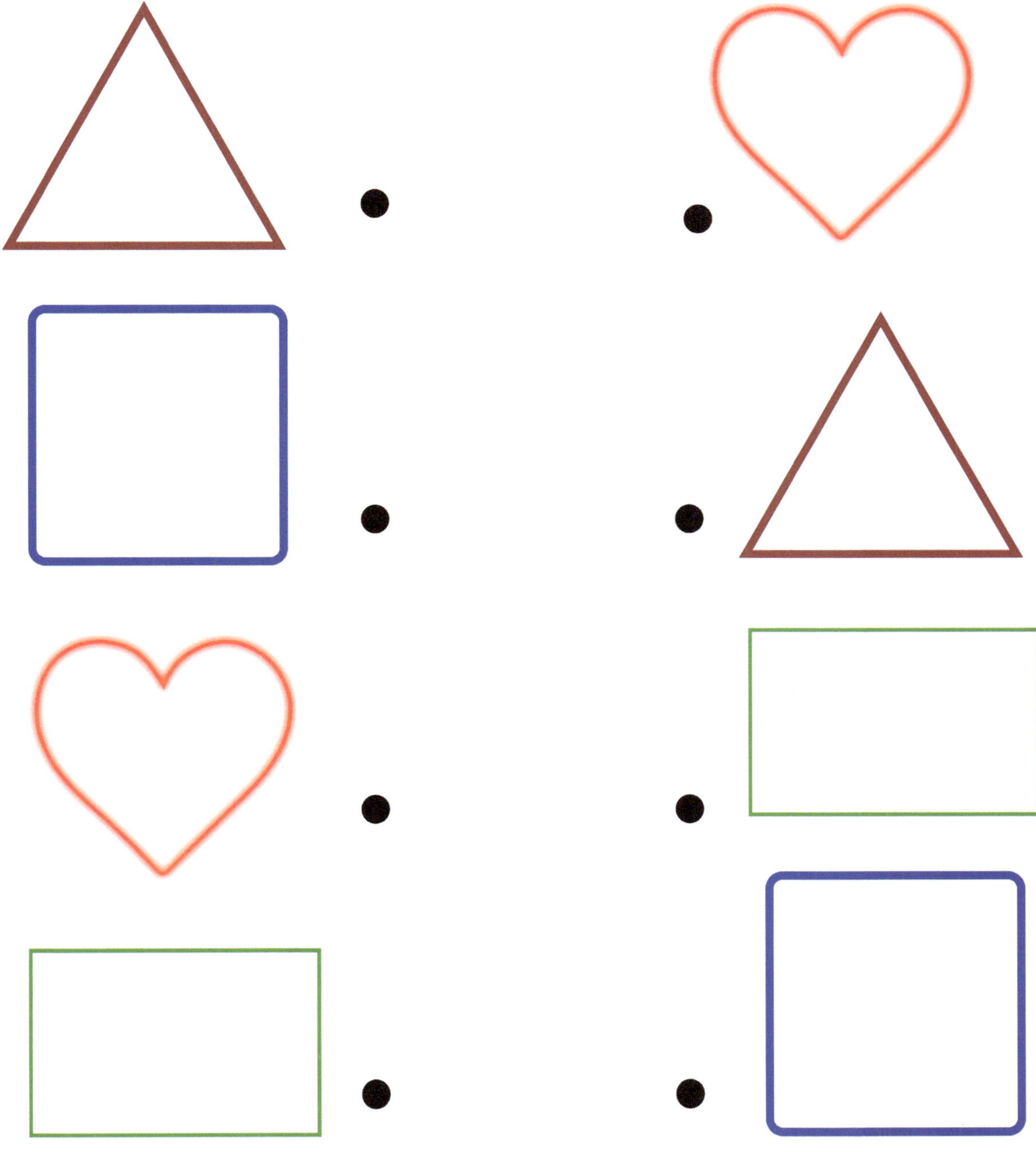

Les formes

Colorie les formes de la même couleur

Dans le ciel

Trace une ligne pour relier les choses que tu as déjà vues dans le ciel.

Relie le chien à la même couleur

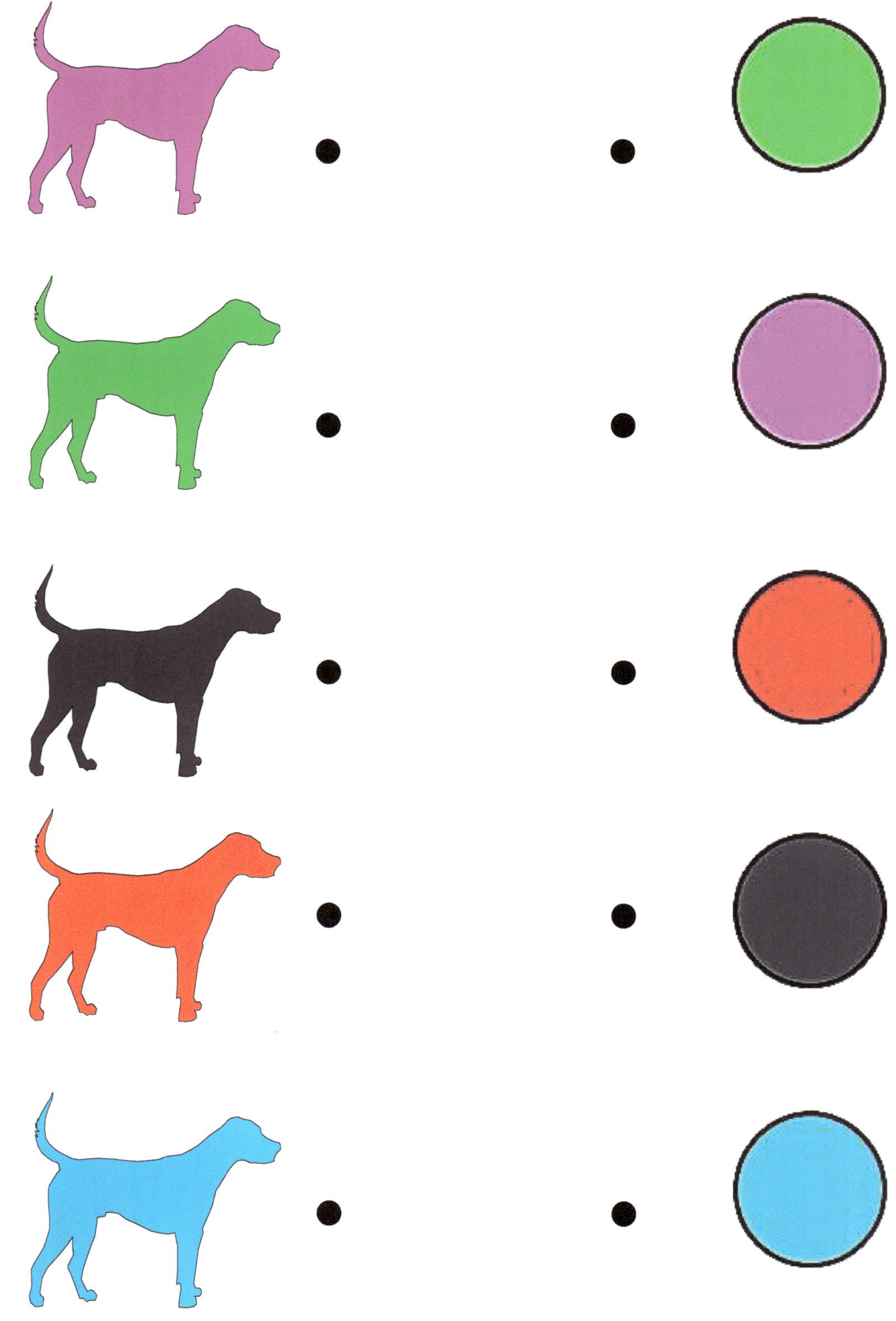

Jeux des différences

Compare ces deux images et entoure les différences

Trouve
les 4 différences

Labyrinthes

Aide le lapin à retrouver les carottes

Aide la vache à retrouver la giraffe

Aide les deux tortues à se rejoindre

Aide la famille à rentrer chez elle

Coloriage

Colorie ces dessins

Dessine ce petit ourson puis colorie le

Colorie le plus petit poisson

Colorie ces dessins comme sur l'image à droite

Colorie ces arbres et feuilles

Colorie le chemin de la vache

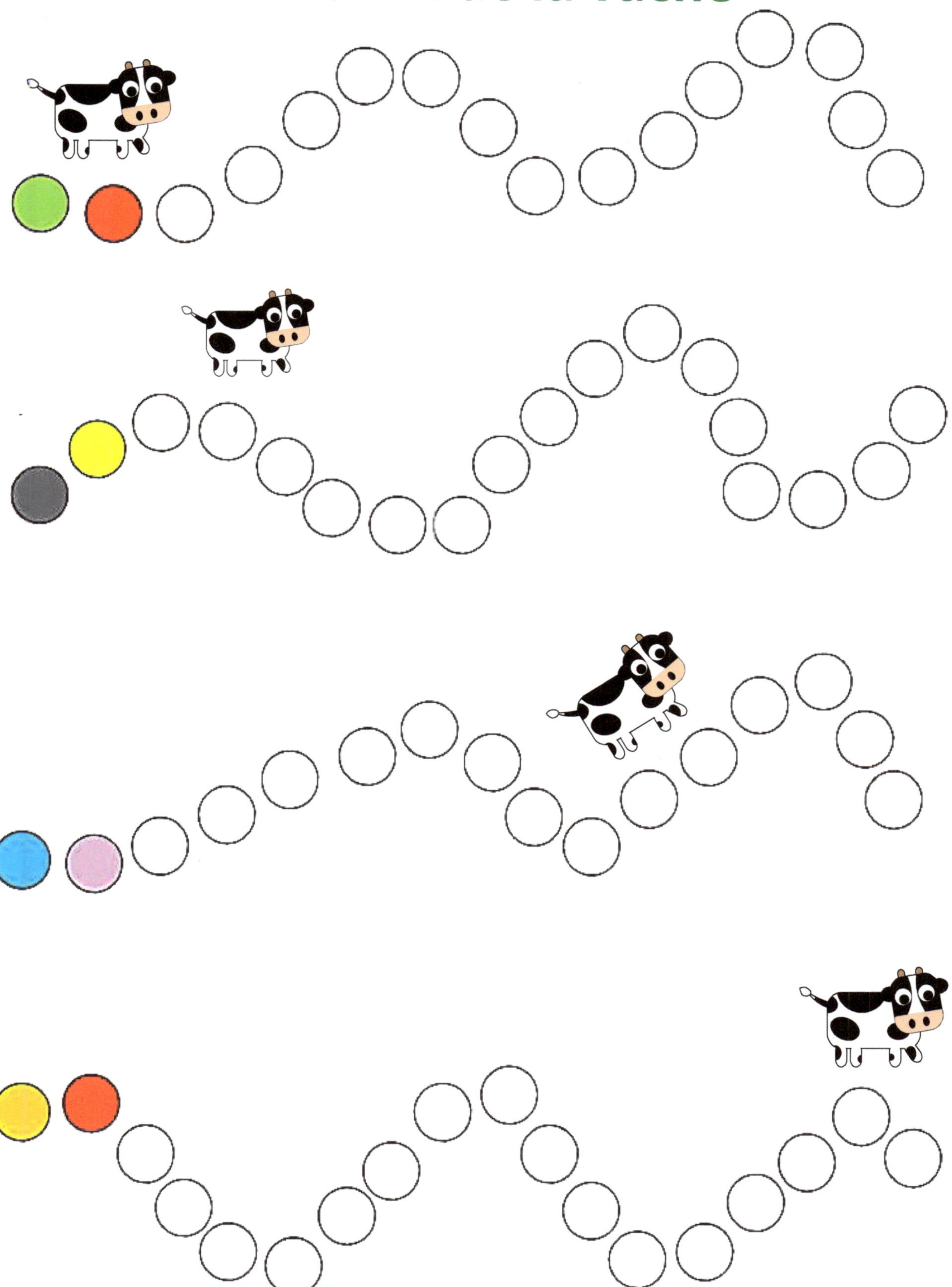

Colorie avec les couleurs indiquées

Colorie avec les couleurs indiquées

Devinettes

Comment appelle-t-on un rat qui en a assez ?

Pourquoi les éléphants mettent-ils des lunettes noires ?

Quel est le dessert préféré de la poule ?

Réponses : un ras-le-bol.

Pour passer inaperçue

La mouche au chocolat

Merci les amis et à bientôt !

www.ingramcontent.com/pod-product-compliance
Lightning Source LLC
Chambersburg PA
CBHW040153240726
48664CB00002B/687